深圳大学城风物志·草木篇

深圳大学城管理办公室——主编

陈超群　王炎磊——编著

中国科学技术出版社

· 北京 ·

　　深圳大学城坐落在深圳市南山区西丽湖畔，2000 年创建至今，是我国唯一经教育部批准，由地方政府携手一流大学共同举办、以培养全日制研究生为主的研究型大学群，目前占地 1.54 平方千米。

　　作为城市西北部的天然氧吧，深圳大学城西邻西丽湖，南面塘朗山，北接动物园，中含大沙河，青山环抱，山水相依。美丽的天然景观和良好的生态环境，孕育出独特的南国草木，与百年名校互为依托，灵秀相长。火红的凤凰木，燃烧的青春年华，草木生命，生生不息。

　　作为不设围墙的大学城，状盘龙似如意的图书馆，横踞大沙河面，清华、北大、哈工大三个校区相互独立又桥廊相连，既耕耘自我，又彼此呼应。体育中心、会议中心、汇丰商学院、国际法学院、海洋大楼等建筑陆续拔地而起，不断翻新着校园建筑的高度和特色。

　　作为深圳高等教育的领头羊，深圳大学城引领、担当、开放、共享，名校扎根深圳，学子融入城市，文化走进生活。名家讲座、高校学子辩论赛、名校赛艇对抗赛等为代表的新生本土校园文化，时刻激荡着城市的文化生机，丰富着深圳的人文生命。

　　大学，是一座城市的生命旗帜。融合了深圳城市精神和名校百年底蕴的深圳大学城，其草木、建筑、人文无不渗透着独特的文化气息和生命力量。深圳大学城管理办公室编辑《深圳大学城风物志》丛书，希望图文并茂、生动形象地向广大读者展示园区的自然风光、建筑特色与人文情怀，同时，希望此书成为深圳大学城对外交流的一个"窗口"。

总序

感谢为丛书做出贡献的作者和朋友们，愿此套丛书为广大读者所喜爱，欢迎大家到深圳大学城来参观、学习和交流。

丛书主编 深圳大学城管理办公室主任 吴惠琼

　　南海之滨，塘朗山下，西丽湖畔，有一座美丽的深圳大学城。深圳大学城的美，很大程度来自于校园里的各色植物。清华大学深圳研究生院炽烈的凤凰花和明亮的黄槐，北京大学深圳研究生院芬芳的洋紫荆和繁茂的大榕树，哈尔滨工业大学（深圳）秀丽的紫薇和挺拔的柠檬桉……它们装点着青春的校园，抚慰了无数的心灵，葱茏了师生们的岁月。"一草一木总关情"，一草一木不仅仅是植物，还是沉淀在大学城校园里的历史和人文风景。

　　孔子有言，"多识于鸟兽草木之名"。然而，很多师生想了解身边常见的植物，却无从下手；很多来访者惊叹于校园植物之美，却不知其名。出于对这座校园的热爱和对博物学的热情，我们有意识地对校园植物进行了持续的观察、拍摄和随笔记录，积累了一批校园植物素材，并通过学院刊物、微信公众号等渠道发表，广受欢迎和好评。

　　近年来，不少大学都出版了自己的植物图鉴，北京大学刘华杰教授曾评论道，"没有自己'植物图鉴'的大学校园不是好校园，没有好校园的大学不是好大学"。既然深圳大学城的植物多而美，我们何不也出一本关于深圳大学城植物的书呢？这样大家就可以按图索骥、识花辨草，对深圳大学城校园多一份了解。这一想法得到了深圳大学城管理办的大力支持，于是开始了本书的整理和出版工作。

　　本书收录了 134 种深圳常见植物，间或还穿插了一些深圳大学城校园生活特有的体验和记忆。实际上，深圳大学城内的植物种类远比本书收录的多得多，我们只能选取其中具有一定代表性的植物在书中亮相。这些植物中，既有高大乔木，也有野花小草，既有本土"居民"，也有外来"移民"，它们共生共长，鲜活了生态，凝结了文化。它们虽不名贵，却有着生命的活力、谦卑和韧性，悄无声息而又周而复始地上演着生生不息的传奇，氤氲成一片南国特有的四季不断、绵延未央的绿，为校园中既像论文又像诗歌的日子染上了难忘的底色。

虽然是一部校园植物书，但《深圳大学城风物志·草木篇》的意义不仅仅局限于象牙塔内，本书也可以为深圳以及周边其他城市热爱草木的人们提供参考。更希望此书能启发读者走进自然，享受自然之美，进而关注和思考生态的意义。

感谢深圳大学城管理办公室对本书出版的大力支持，感谢中国科学技术出版社的真诚合作和为此书付出的辛勤劳动。本书的出版恰逢第 19 届"国际植物学大会"在深圳召开，植物学大会的到来，使得美丽的深圳绿意更浓了。我们祝愿，校园长绿未央、深圳长绿未央、我们的地球长绿未央。

编者

总序
前言
草木小笺

目录

深圳大学城植物月令

草木小笺

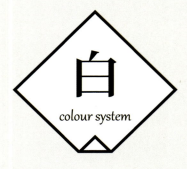

白
colour system

白色系

白兰 (*Michelia alba* DC.)

木兰科含笑属，常绿乔木。

一到夏天，白兰芳香四溢。白兰树能长得很高大，有的到四五层楼高，所以很多人都有从树下走过闻见一阵奇香却不知香从何来的经历。即便抬头见到了绿荫中点点白兰，却踮了脚尖也摘不到，只能再细细嗅嗅这空气中的白兰香。

白兰与茉莉、栀子并称"香花三绝"。旧时江南，妇人把它用线穿了系在扇子上当坠儿，扇的风是香的。汪曾祺笔下那一盘摆放别致的白兰也令人神往。

校园的大沙河边有几棵白兰，长得还不是很高，伸手即可够到低矮处的花。摘白兰花要摘花苞，盛开的就没意思了。花苞白里透着嫩绿，裹得紧紧的，形状像毛笔头，很有书卷气。淡香从"笔头"里渗出，雅致内敛。

丰花草 *(Borreria stricta* (L. f.) G. Mey.)

茜草科丰花草属，直立草本。

丰花草是野花野草中比较容易记住名字的。它的茎杆单生，很少分枝，直直的一条往上，茎杆上有序地长着两两对生的叶片，形态正好像个"丰"字。丰花草的花丛生于托叶鞘内，无梗。丰花草有多个品种，大致分为阔叶的和细叶的。校园野地里常见阔叶丰花草，花白色，有时带有粉色，到了秋天，绿叶转成暗红，仿佛把一整年的阳光都凝固在了小小的叶片上，让人想起那句"秋色无私到草花"。

狗牙花 (*Ervatamia divaricata* (L.) Burk. 'Gouyahua')

夹竹桃科狗牙花属，灌木，有单瓣和重瓣之分，重瓣狗牙花又叫狮子花、豆腐花，在校园常见。

　　估计很多人第一次听到"狗牙花"这个名字时，都感觉颇为"狗血"，明明是洁白雅致的小花，个头介于茉莉花和栀子花之间，也有淡淡清香，却得了个如此粗鄙的名字。《中国植物志》上说，民间称狗牙花的叶可药用，能清凉解热利水消肿，可治疥疮、癫狗咬伤等病，不知道是不是因为这个功能才与"狗牙"扯上了。

荷花玉兰 (*Magnolia grandiflora* L.)

木兰科木兰属，常绿乔木，又叫广玉兰。

      荷花玉兰花朵大而洁白，无论是花骨朵儿，还是完全绽放，都像极了荷花的样貌。荷花玉兰也有香味，不过比荷花要浓郁得多。

      在木兰属的植物中，很多都是冬季树叶落尽，春天先长出花蕾，满树花开，先花后叶，但荷花玉兰则是常绿的，它宽阔的叶子常年是深沉的绿，在初夏，不经意间，深绿中长出一两朵"荷花"来。深圳大学城哈工大校区操场北侧可见荷花玉兰。

光荚含羞草 (*Mimosa sepiaria* Benth.)

豆科含羞草属，落叶灌木，又叫簕仔树。

　　虽然叶子与含羞草很相似，但是触摸后不会"害羞"。它的树干直立，多枝。开花后很漂亮，球形的头状花序，洁白的花朵有芳香，一朵朵非常密集，如白雪挂在枝头。花后会结出带状荚果，成熟时荚节脱落而残留荚缘。主要分布在广东南部沿海地区，原产热带美洲。光荚含羞草适应性强，生长迅速，有"绿篱之王"的称号。花期6-9月。

鸡蛋花 (*Plumeria rubra* L. 'Acutifolia')

夹竹桃科鸡蛋花属，小乔木，原产于美洲，有黄心白花的鸡蛋花，以及花瓣鲜红色的红鸡蛋花。

　　鸡蛋花香宁静柔和，东南亚的部分佛教寺院将其定为"五树六花"之一，妇女也喜欢将鸡蛋花别在耳鬓。在夏威夷，岛上居民佩戴鸡蛋花串成的花环载歌载舞，也别具风情。鸡蛋花在我国广东、广西、福建、海南等地已广泛栽培，晒干的鸡蛋花还是广东凉茶中常用的一味草药。

　　鸡蛋花开过后结圆柱形双生蓇葖果，长十余厘米，顶端渐尖，向两边伸展，模样像羊角。

　　鸡蛋花树在秋冬季树叶落尽，留下光秃秃的圆柱状枝条，像鹿角，在圣诞节期间非常应景。

灰莉 （*Fagraea ceilanica*）

马钱科灰莉属，乔木，有时附生在其他树上呈攀援状灌木，又叫灰刺木、非洲茉莉等。

灰莉一般作为绿篱，平时不太引人注意，春夏开花，花白色，可大如百合，花冠漏斗形，气味香甜浓郁，久闻或感到头晕。

灰莉有"金银花"特征，新开的花朵洁白，后转成黄色。白花如笑脸上扬，黄花如铃铛下垂，彼此交错，颇有趣味。

九里香 (*Murraya exotica* L.)

芸香科九里香属，小乔木。

　　九里香常作为绿篱植物，小叶倒卵形至倒卵状椭圆形，小花白色，有芳香，花瓣五片，盛放时花瓣往后反折。花后结橙红色的小果子，果子卵形或圆形，顶部有一个短尖。

　　校园中多处绿化带有九里香，开花时并不如传说中的香气浓郁，似不符合香飘九里的美名，但若凑近闻，可以闻到比较淡雅的香气。

鳢肠 (*Eclipta prostrata* (L.) L.)

菊科鳢肠属，一年生草本，又叫旱莲草。

　　鳢肠是校园草地上常见的一种野草，开着小小的白花。如果蹲下来细细观察，可以看到鳢肠的花朵具有菊科植物的典型特征，即有外围的舌状花和中央的管状花。舌状花白色，有两层；管状花为两性花，也是白色，顶端有齿裂。花后结瘦果，瘦果暗褐色，密布在小小的圆盘中，像迷你向日葵。鳢肠全草可入药。

龙葵 （*Solanum nigrum* L.）

茄科茄属，一年生直立草本，在我国各地广泛分布，别称众多，如野辣虎、野海椒、灯龙草、山辣椒、野茄秧、小果果、地泡子等。

　　茎、叶、花均似辣椒，结球形浆果，浆果初为绿色，成熟后转为紫黑色。龙葵在校园野地常见，想必不少同学童年时偷偷采了尝过，据说味道淡酸淡甜，聊胜于无。馋嘴可以，但不可多吃。

龙吐珠（*Clerodendrum thomsonae* Balf.）

马鞭草科大青属，攀援状灌木。

白色的花萼从基部合生，中部膨大，尖端裂开，像一端开口的灯笼，深红色的花冠从花萼内开口的一端探出，状如吐珠。长长的雄蕊与花柱也伸出花冠外，状如龙须。除白萼龙吐珠，校园内还可见一种红萼龙吐珠，花萼枚红色，花冠鲜红色。

水石榕（*Elaeocarpus hainanensis* Oliver）

杜英科杜英属，小乔木。

　　水石榕一开花，整棵树就跳起了"草裙舞"，一条条"草裙"挂在绿叶间，裙边细细的流苏随风飘。"草裙舞"之后，结纺锤形的果，两端尖、中间鼓，果坚硬，表面有浅沟。

　　水石榕喜欢生长在低洼湿润的地方，校园常见于池塘边、河边。

线柱兰（*Zeuxine strateumatica* (L.) Schltr.）

兰科线柱兰属。

在人们的印象中，兰花一般生长于深山幽谷中，而线柱兰是在城市的草坪上也能遇见的兰科植物，只是它个头很小，一般不容易发现。

校园中常见的线柱兰仅几厘米高，茎直立，叶抱茎，叶线形或披针形，茎和叶是一种淡淡的红棕色，小花白色，有一片淡黄色的肉质唇瓣。

早春二三月，校园草地可见线柱兰，需蹲下细寻，会有惊喜。

水鬼蕉 (*Hymenocallis littoralis* (Jacq.) Salisb.)

石蒜科水鬼蕉属，多年生鳞茎草本，也叫蜘蛛兰。

　　叶基生，倒披针形。伞形花序，几朵小花生于茎顶，花白色。六条线形的细长花瓣，下部被膜联合成杯状，看上去犹如蜘蛛。水鬼蕉原产于美洲热带，校园绿化带多有栽培，夏日盛开。

柠檬桉 (*Eucalyptus citriodora* Hook. f.)

桃金娘科桉属，大乔木，原产于澳大利亚，被称为"林中仙女"。

    柠檬桉树干直而高，叶子披针状，细密纤秀。乳白或灰白的树皮从修长的树干上翘起、剥落，脱皮后的树干光滑、洁白。柠檬桉含有特殊的芳香物质，散发出清新的柠檬香，可提神醒脑，驱除蚊虫。

    校园大沙河边靠近哈工大校区有几棵柠檬桉，夏季柠檬清香明显。

水翁 (*Cleistocalyx operculatus*)

桃金娘科水翁属，乔木。

水翁五六月份开花，花小而密集，像缀满了米白色的小绒球。浆果卵圆形，成熟时黑紫色。水翁的花和叶可供药用。校园行道可见。

含笑花 (*Michelia figo* (Lour.) Spreng.)

木兰科含笑属，常绿灌木。

　　叶子狭长椭圆形，老叶暗绿革质，新叶嫩绿油亮，花瓣六片，奶黄色，肥厚有质感。

　　含笑的花瓣总是微微向内含着，如矜持的姑娘笑而不语，有诗赞曰，"花开不张口，含羞又低头。拟似玉人笑，深情暗自流"。含笑花形含蓄，花香却十分奔放，人们常形容其浓郁的甜香味为香蕉味，所以含笑还有一个别名——香蕉花。

白千层 （*Melaleuca leucadendron* L.）

桃金娘科白千层属，乔木。

  白千层原产澳大利亚，是一种高大的乔木，树干粗壮挺拔，但是灰白色的树皮摸上去像海绵一样，厚而松软，人们对它印象最深的就是它身上层层叠叠的树皮，一层一层永远剥不完，好像真的有几千层。它的花也很有趣，白色的花像一个个小刷子密集的挂在枝头，细细长长的绿色叶子有很多芳香的油腺点，取一片揉搓，香气浓郁，有一种柠檬和薄荷的混合清香。花期每年多次。

葱莲 (*Zephyranthes candida* (Lindl.) Herb.)

石蒜科葱莲属，多年生草本。又叫葱兰。

　　鳞茎卵形，具有明显的颈部。叶狭线形，肥厚，亮绿色。花茎中空；花单生于花茎顶端，下有带褐红色的佛焰苞状总苞，花白色，外面常带淡红色。蒴果近球形，3瓣开裂；种子黑色，扁平。

　　秋季，葱兰盛开在大学城的道路两旁，细长的绿叶，雪白的花，矮矮的、清清爽爽的，铺展成一大片，花儿一朵挨着一朵，尤其是清华校区长廊南头的一片，繁盛得惊人。

桂花 (*Osmanthus fragrans* (Thunb.) Lour.)

木犀科木犀属，常绿灌木或乔木。学名木犀。

　　秋天，桂花盛开，一朵朵隐藏在茂盛的绿叶中若隐若现，花虽很小，却不难发现，因为"桂子花开，十里飘香"，那一朵朵米白色或浅黄色的小花，散发着迷人的香气，令人陶醉。

　　李清照曾写道："何须浅碧深红色，自是花中第一流"，桂花为中国十大名花之一，有着与生俱来的古典气质，深受人们的喜爱，除了美化环境，还可用来做糕点、制糖、入酒。

鬼针草（*Bidens pilosa* L.）

菊科鬼针草属，一年生草本。

在校园的小河边很常见，成片的白色小花上，经常有蝴蝶翩翩起舞。当你路过一片鬼针草丛，有时候会发现衣服上有黑黑的小刺，像一把小小的叉子，这是它黑色的瘦果，它把"鬼针"一样的果实刺在人或者动物身上，向远处传播，繁殖扩张。

绶草 （*Spiranthes sinensis* (Pers.) Ames）

兰科绶草属，多年生草本。

　　绶草是美丽的迷你型兰科植物，近基部生 2-5 枚叶，叶片宽线形或宽线状披针形，花茎直立，长达 10-25 厘米，总状花序具多数密生的小花，呈螺旋状扭转。"绶"在《现代汉语词典》中的解释是"一种丝质带子"，当你看到绶草花朵的时候就能感受到这个名字的由来了，纤细笔直的枝条，上面挂着一朵朵小巧玲珑的花，呈螺旋状排列上升。

　　绶草分布很广，其植物的大小、叶形、花的颜色和花茎上部被毛的有无等常因其分布地区的不同有较大的变化。大学城内三四月可见绶草开花。

粉
colour system

粉色系

夹竹桃 (*Nerium indicum* Mill.)

夹竹桃科夹竹桃属，常绿直立大灌木。

　　叶似竹叶，花像桃花，实又非竹非桃，而是"假竹桃"，"夹竹桃"一名由此而来。在气候温润的深圳，夹竹桃几乎全年开花，是很好的景观植物。

　　夹竹桃虽美，但这种植物全株有毒，而且毒性较强，少量便能致死，所以赏玩需谨慎，但也不至于闻着花香就被毒倒。

　　校园中路边、林地多处种植了夹竹桃，有单瓣的，也有重瓣的，有粉红的，也有白色的。还有一种不太常见的黄花夹竹桃，花五瓣，围成酒杯状，结有棱的扁三角状球果。这种黄花夹竹桃有剧毒，民间也将其列为"断肠草"的一种。

宫粉羊蹄甲（*Bauhinia purpurea* L.）

豆科羊蹄甲属，乔木或直立灌木。

宫粉羊蹄甲与同一属的洋紫荆均为我国南方常见的观赏植物，常植为行道树。叶子为硬纸质，形似羊蹄。花瓣粉红或桃红色，花后能结果，荚果带状，扁平，略呈弯镰状，成熟时开裂，木质的果瓣扭曲将种子弹出。花期 9-11 月，果期 2-3 月。

半边莲（*Lobelia chinensis* Lour.）

桔梗科半边莲属，多年生草本。

夏季校园的草坪上，经常飘荡着一阵阵药香，循着香味就能找到美丽的野花半边莲。半边莲是蔓性植物，虽然地上部分可以直立，但茎下的部分通常匍匐在草丛里生长。它的花型独特，很容易辨认，像开了一半的莲花，粉色的花冠裂成五片，形态各异，像一个个舞蹈家在草地上翩翩起舞。花果期 5-10 月。

美丽异木棉（*Ceiba speciosa* St.Hih.）

木棉科吉贝属，落叶乔木。

美丽异木棉树干挺拔，树皮绿色或绿褐色，主干有圆锥状尖刺（罕见无刺的），成年树下部膨大呈酒瓶状，树冠层呈伞形。叶互生，掌状复叶有小叶3-7片，叶色青翠。花大，略芳香；5片粉红色的花瓣边缘呈波浪形，基部黄色或白色带紫斑，也有全白色而内带黄色的，边缘波状而略反卷。冬季盛花期满树粉红，秀色照人，又被称为"美人树"。蒴果纺锤形，内有棉毛；种子多数，近球形。花期10-12月，果期5月。

青葙 (*Celosia argentea* L.)

苋科青葙属，一年生草本。又叫野鸡冠花、百日红。

青葙茎直立，有分枝，可以长到半人高。叶互生，叶矩圆状披针形至披针形。它最引人注目的，是枝顶端的宝塔形穗状花序，由一层层淡红色的小花堆积而成，青葙开花的顺序是自下而上，所以随着时间的推移，花的颜色是上红下白。青葙的花很干燥，风吹过时沙沙作响，花期过后仍可宿存枝头，结卵形的胞果，内有肾状圆形的黑色光亮种子。花期5-8月，果期6-10月。

艳山姜 (*Alpinia zerumbet* (Pers.) Burtt. et Smith)

姜科山姜属。

　　艳山姜是很具有观赏性的植物，苞片有着桃尖一点红般的俊俏、光洁瓷器般的质感；从苞片中半遮半掩露出的黄色花瓣恰如轻盈微卷的裙边；宽大的叶子黄绿条纹排布有致，犹如艺术家的挥洒。

　　艳山姜的蒴果是一种带棱的橘红色圆球小果，硬硬的，揉搓有很好闻的香气。

石斑木 （*Rhaphiolepis indica* (L.) Lindl. ex Ker）

蔷薇科石斑木属，常绿灌木或小乔木，又叫车轮梅、春花。

深圳温暖，刚过完春节，石斑木就开始开花了，到了三月份便已开得团团簇簇，煞是喜人。石斑木老叶深绿，新芽酒红，花朵心红瓣白，红绿白相映衬，春光大好。石斑木7-8月结果，果实球形，黑紫色。

褐
colour system

褐色系

池杉 (*Taxodium ascendens* Brongn.)

杉科落羽杉属，乔木。

　　春天，万物萌发，池杉细小的羽叶冒出来了，刚开始是嫩绿色的小点点，没过几天就长出来几毫米了，又细又密，有点弯，像卷翘的睫毛。夏天，潮湿溽热，池杉的绿色变深了，细叶长得密不透风，形成绿雾。秋天，池杉的叶子开始从绿色向铁锈红过渡。枝头有一些杉果，有的是绿色，有些已经变成成熟的褐色。如果去摸杉果，可以碰到黏黏的油脂，这种油脂带着浓郁而好闻的松香味。冬天，池杉林则是一片铁锈红。

苏铁 (*Cycas revoluta* Thunb.)

苏铁科苏铁属，俗称铁树。

    树干呈圆柱形，有明显螺旋状排列的菱形叶柄残痕。羽状叶从茎的顶部生出。雄球花圆柱形，种子红褐色或橘红色，倒卵圆形或卵圆形。俗话说，"铁树开花，千载难逢"，铁树开花被认为是难得一见的现象，其实，在我国南方热带及亚热带南部，十年以上的苏铁几乎每年都可以开花结实，而长江流域及北方各地栽培的苏铁则常终生不开花，或偶尔开花结实。

    校园中多处有苏铁，每年可见花果。

香蒲（*Typha orientalis*）

香蒲科香蒲属，多年生水生或沼生草本。

　　香蒲棒是很多人童年的记忆，夏天到芦苇丛生的河边采几支香蒲棒，晒干后可以点燃熏蚊子，就算不用来熏蚊子，胖嘟嘟的香蒲棒也是孩子们喜欢拿着玩的。

　　到了秋天，香蒲棒变得蓬松，有的飘出白色的絮状物，有另一番意境。清华大学有位老师为秋天的香蒲写过一首诗："十月，南国依然炎热，但香蒲飘出了白絮，秋天到底来了。修长笔直的香蒲叶，如剑，风刮过苍劲的剑锋，发出干哑的呜咽，将军的白发在沙场飞舞。"

重阳木 （*Bischofia polycarpa* (Levl.) Airy Shaw）

大戟科秋枫属，落叶乔木。

据说重阳木寿命很长，有"千年柘树，万年重阳"一说。深圳大学城建成于2004年，校园内的树木大多还很年轻，包括重阳木，希望将来这些重阳木能成为历史的见证。重阳木的球形浆果褐色，是鸟类的美食。

印度紫檀 （*Pterocarpus indicus* Willd.）

豆科紫檀属，高大乔木。

　　夏末到第二年春天，如果在地上捡到一种像飞碟一样中间略鼓、四周有薄薄一圈翅翼的褐色果实，抬头找找，不难找见印度紫檀。这些"小飞碟"是印度紫檀的带翅荚果，靠风力传播。

　　印度紫檀春天开黄色的小花，花期短暂，若不加注意，容易错过。

　　印度紫檀并非传说中用来打造皇帝宝座、人们趋之若鹜的紫檀。名字上带有"紫檀"二字的树木众多，但并非都是"紫檀木"。印度紫檀易生长，深圳常作为行道树。

人心果 (*Manilkara zapota* (Linn.) van Royen)

山榄科铁线子属，乔木。

叶互生，密聚于枝顶，革质，长圆形或卵状椭圆形。花1-2朵生于枝顶叶腋，果实是浆果，纺锤形、卵形或球形，褐色，果肉黄褐色，可以食用；树干的乳汁可以做口香糖的原料。

"人心果"这个名字听起来有些惊悚，有人说是因为果实外形像人的心脏，有人说是果实切开可见心脏图形。其实人心果长得很可爱，棕色的外皮，椭圆的形状，一点儿都不吓人。花果期4-10月。

栾树 （*Koelreuteria paniculata* Laxm.）

无患子科栾树属，落叶乔木或灌木。

　　初夏可赏栾树花，细细碎碎的小黄花，落得满地都是。栾树的小花是很别致的，仔细看的话，四片瘦长的花瓣向花蕊的反方向张开反折，形成一个带有四个支架的稳定形状，如果降落得好，像外星飞船登陆地球。初秋开始可欣赏栾树的蒴果。栾树蒴果像个小小的纸灯笼，里面包着黑色的种子。"纸灯笼"从粉红转为深红，又变成褐色，一直挂到第二年开出新花。

　　北京大学汇丰商学院门口和清华校区太阳能扬水系统附近的树林里都可见栾树。

　　北京的餐馆有道著名的野菜叫"木兰芽"，其实是栾树嫩芽。深圳未见有人吃栾树芽，不知是否南橘北枳。

麻楝 (*Chukrasia tabularis* A. Juss.)

楝科麻楝属，乔木。

夏初紫白色的苦楝花为很多人所熟悉，其实麻楝花也很美，作为与苦楝同科同属的植物，麻楝的小花与苦楝可算得上是"同款不同色"，比苦楝花略大，花瓣黄色或略带紫色。麻楝蒴果灰黄色或褐色，椭圆形，顶端有小尖，成熟时从顶端裂开，里面有扁平的带膜质翅的种子。

榕树 (Ficus Linn.)

桑科榕属, 乔木或灌木, 有时为攀援状, 或为附生, 约有千种, 主要分布热带、亚热带地区, 我国约百种。

　　榕树树枝上生有悬垂的"气根", 像胡须, 这使得榕树看起来有一种"地老天荒"的感觉。当然, 也偶有顽皮者把气根编成麻花瓣, 榕树就成了"老顽童"。

　　气根垂到地上可以生根, 形成支柱, 所以, 若是时间够久, 榕树可以独木成林, "有着数不清的桠枝, 枝上又生根, 有许多根一直垂到地上, 进了泥土里", 成为"鸟的天堂"。

红

colour system

红色系

澳洲鸭脚木 (*Schefflera microphylla* Merr.)

五加科鹅掌柴属，常绿乔木，又叫幅叶鹅掌柴、昆士兰伞木。

　　树干直立，掌状复叶，伞形花序。秋季开花，花苞外部红色，苞内白色，花蜜丰富。结紫红色浆果，像从树顶上长出了一串串"冰糖葫芦"，在阳光下闪耀着诱人的光泽。花果期的澳洲鸭脚木是鸟儿们的"天下第一酒楼"，八哥、黑领椋鸟、暗绿绣眼鸟都是常客，它们有的来吸花蜜、吃果子，有的来吃花果上的昆虫，正所谓"螳螂捕蝉，黄雀在后"。

　　若想校园观鸟，可留意秋冬季的澳洲鸭脚木。

吊灯树 *(Kigelia africana* (Lam.) Benth.)

紫葳科吊灯树属，乔木。

吊灯树原产热带非洲、马达加斯加。羽状复叶，常年绿荫如盖。圆锥花序生于小枝顶端，花序轴下垂，长半米至一米，主轴上的小轴微微向上卷曲，上缀一朵朵钟状花萼的花朵，像极了从树上挂下来的一盏盏吊灯，正应了这名字的由来。

吊灯树的花有橙色和暗红色，校园常见暗红色品种。吊灯树只在夜里开花，它能分泌出一种腐臭气息，吸引蝙蝠、飞蛾、蚊蝇这样的暗夜使者为它授粉。花后结圆柱形的木质果实，种子藏于坚硬的木质果肉中。

大叶榄仁 (*Terminalia catappa* L.)

使君子科诃子属，落叶大乔木，又叫山枇杷树、凉扇树、琵琶树。

大叶榄仁是一种热带海岸林植物，它树形高大粗壮，主干浑圆挺直，轮状树冠，枝叶层叠。树叶宽大肥厚，倒卵形，基部窄，前端宽，形状像一把琵琶，也像《西游记》中铁扇公主手中的那把扇子。

秋冬季，大叶榄仁树叶全部转成深红，并一边落叶一边长出新叶，这个过程一直持续到第二年春天，直到换成满树浓绿。大叶榄仁的"红叶"为常绿的深圳增添了一丝秋意。

大叶榄仁的核果（即榄仁）呈扁椭圆形，边缘有棱，种子可榨油。

红毛草 (*Rhynchelytrum repens* (Willd.) Hubb.)

禾本科红毛草属，多年生直立草本。

校园野地里常见红毛草的身影，从夏末开始，当红毛草开始开花，轻柔的花果像毛絮，在风中摇摇晃晃。当这些毛絮从粉红变为酒红，红毛草的叶子也染上红褐色，就是深圳的秋天来了。秋季可到学校的大沙河畔走一走，在夕阳下看看红成一片的红毛草，欣赏南国难得一见的秋色。

红千层 (*Callistemon rigidus* R. Br.)

桃金娘科红千层属，小乔木，原产澳大利亚。

18 世纪库克船长的船队到达澳大利亚时发现了它，并引种到了英国，随后传播到世界各地。

红千层的花型非常有趣，像极了一只只奶瓶刷子，所以也被戏称为"瓶刷子花"。与同属于桃金娘科的水蒲桃、白千层相似，红千层也是观蕊植物，即发达的花蕊成为颜值担当。如果近距离仔细观察，会发现"刷子毛"下面有小小的绿色的瓣子，那是它的花瓣。小小的蒴果聚拢在花序上，像一串串风铃，可以挂到第二年花开。蒴果半球形，像一个碗，种子就藏在"碗"中。

火焰树 (*Spathodea campanulata* Beauv.)

紫葳科火焰树属，乔木，原产非洲。

    火焰树花色猩红，钟状花冠一侧膨大，边缘一圈金色，形和色均如火焰。校园中的火焰木都比较高大，在南国夏天火辣辣的阳光下，一团团火焰树的花朵像高高举向天空的火把。

    虽名为"火焰"，这火焰中却藏着清泉。火焰树钟形花朵可以储存雨水或露水，为非洲土著或旅人提供饮用水。火焰树的花萼呈佛焰苞状，外面覆盖着一层短绒毛。佛焰苞像聚拢的手指，鼓鼓的很紧实，里面储存着水。

鸡冠刺桐 (*Erythrina crista-galli* Linn.)

豆科刺桐属，落叶灌木或小乔木，原产于巴西。

　　树干遒劲，树皮毛糙，羽状复叶，总状花序生于枝头，花萼钟状，一侧膨大，形似鸡冠，花朵红艳，从钟状底部到边缘呈深红到鲜红渐变。鸡冠刺桐春季开花，开花时满树红艳艳，看着非常喜庆。

荔枝（*Litchi chinensis* Sonn.）

无患子科荔枝属，常绿乔木。

　　"日啖荔枝三百颗，不辞长作岭南人"。每到六七月份，深圳荔枝熟了，妃子笑、糯米糍、桂味……挂满枝头。在广东可以吃到刚摘的新鲜荔枝，肉白嫩如玉，汁水丰厚鲜美，绝非运到外地的荔枝能比。直接从树上摘了荔枝吃过后，大概就能明白为何当年"一骑红尘妃子笑"，为求这份新鲜。

　　深圳大学城哈工大校区有一小片荔枝林，沾染了学府香气的荔枝似乎也格外受欢迎，每到荔枝季，买荔枝者众多。若有师生此时正好要出差，也会带上一两箱鲜果，捎去远方。

龙船花 (*Ixora chinensis* Lam.)

茜草科龙船花属，灌木。

广东把四五月份连续的阴雨称作"龙舟水"，一直要到端午节赛过龙舟之后天气才能真正放晴。龙船花几乎四季常开，而在这段时间开得最好。龙船花外形像绣球，有红色、橙色、黄色，看着非常喜庆，民间也叫它"水绣球"。

前些年，深圳的大沙河治理工程开始之前，深圳大学城每到端午节会举行龙舟赛，"水手们"挥动木浆，两岸人潮涌动、鼓声震天，热闹得很。这份热闹的色调就是龙船花的鲜红橙黄，一阵阵鼓声也像龙船花的样子，一团团一簇簇的。

木棉 (*Bombax malabaricum* DC.)

木棉科木棉属，落叶大乔木。

　　木棉因舒婷的一首《致橡树》而世人皆知。"我如果爱你"，绝不像攀援的凌霄花，也不像鸟儿、泉源、险峰、日光或者春雨，而"必须是你近旁的一株木棉，作为树的形象和你站在一起"，相依独立，同甘共苦。

　　每年春季，木棉花火红如炬，肥硕的花很有分量，"啪"地掉落，即便不像"沉重的叹息"，被砸中也够疼的。

　　木棉的蒴果里含有白色长柔毛，形似棉絮，广东本地人有时捡回去填充枕头。

异叶地锦（*Parthenocissus dalzielii* Gagnep.）

葡萄科地锦属，木质藤本，又名异叶爬山虎。

一条藤上有圆卵形单叶和掌状三小叶两种不同类型的叶子。藤上有卷须，卷须遇到附着物后成为健壮的"吸盘脚"，蔓延爬行。异叶地锦开不起眼的小花，秋冬季结小浆果，浆果黑紫色，是鸟儿的美食。

琴叶珊瑚 (*Jatropha integerrima* Jacq.)

大戟科麻风树属，常绿灌木。

琴叶珊瑚叶子像琴，花似樱花，所以也叫琴叶樱。花朵多为大红色，也有粉红色。琴叶珊瑚虽美，却不可随意采折，因这种植物全株含有白色乳汁，乳汁有毒。

石榴 （*Punica granatum* L.）

石榴科石榴属，落叶灌木或乔木。

石榴是人们较为熟悉的水果，饱满的果实里面藏了一粒粒晶莹剔透的石榴籽，味道鲜美。相传石榴是汉代的张骞从西域引入的，西晋文学家张华在《博物志》中写道，"汉张骞出使西域，得涂林安石国榴种以归"。石榴果美花也美，石榴花有火红色、粉色、白色等，还有单瓣和重瓣之分，最常见的是火红色的单瓣石榴花。校园中多为园艺培植的观赏石榴。

长隔木 (*Hamelia patens* Jacq.)

茜草科长隔木属，灌木，俗称希茉莉。

叶子长椭圆形，顶端有个叶尖，聚伞花序，花冠狭长圆筒状，橙红色，无香味。校园绿化带可见。

刺桐 (*Erythrina variegata* Linn.)

豆科刺桐属，大乔木。

树皮灰褐色，树枝上有明显的叶痕和短圆锥形的黑色直刺。羽状复叶，有三片菱状卵形小叶。总状花序顶生，花萼佛焰苞状，花冠红色，旗瓣椭圆形，龙骨瓣两片分离，龙骨瓣与翼瓣几乎等长。刺桐花期3月，寒假后一开学就可看刺桐花。

杨梅 (*Myrica rubra* (Lour.) S. et Zucc.)

杨梅科杨梅属，常绿乔木。

杨梅酸甜多汁，光看到图片就开始控制不住地分泌口水了。校园的这几棵杨梅树，每年杨梅刚刚开始绿带红，就已经被馋嘴的人儿偷摘着吃光了。

朱蕉 （*Cordyline fruticosa* (L.) A. Cheval.）

百合科朱蕉属，灌木状。

　　茎直立，有时稍有分枝，叶聚生于茎或枝的上端，样子像粽叶，绿色或带紫红色。朱蕉有花，小花淡红色、青紫色至黄色。

朱槿 （*Hibiscus rosa-sinensis* Linn.）

锦葵科木槿属，常绿灌木。

　　《南方草木状》中写："朱槿花，茎叶皆如桑，叶光而厚，树高止四五尺，而枝叶婆娑。自二月开花，至仲冬方歇。其花深红色，五出，大如蜀葵；有蕊一条，长于花叶，上缀金屑，日光所烁，疑若焰生。一丛之上，日开数百朵，朝开暮落……"

　　朱槿又叫扶桑花。扶桑是中国古代神话中生长在日出之处的神树。李时珍在《本草纲目》中写，朱槿"花光艳照日，其叶似桑，因以比之。后人讹为佛桑，乃木槿别种，故日及诸名，亦与之同"，后来更是以讹传讹，谐音成了"扶桑"。

　　朱槿几乎全年开花，校园常作为绿篱。

海芋（*Alocasia macrorrhiza*）

天南星科海芋属，大型常绿草本。

　　海芋叶大如伞，翠绿欲滴。海芋的叶尖的确会滴下水来，人们将它培育成观赏型品种，称之"滴水观音"。佛焰苞，肉穗花序。球茎和叶可入药，根茎、叶片汁液有毒。鲜红的浆果亦有毒，不可食用，却是很多鸟类的美食。海芋喜欢高温、潮湿，但不喜阳光暴晒。校园林下或建筑背阴面可见。

盐肤木 (*Rhus chinensis* Mill.)

漆树科盐肤木属，落叶小乔木或灌木。

    校园中的原生态山坡、林地、水边可见盐肤木。奇数羽状复叶，叶轴有较宽的叶状翅，叶面暗绿色，叶背粉绿色。秋冬季，盐肤木的叶子变成绚烂的红色，在深圳大多数四季常绿的树木中较容易发现。

    盐肤木是五倍子蚜虫的寄主植物，在幼枝和叶上形成的虫瘿即五倍子，可供染色、医药等用途。

朱缨花（*Calliandra haematocephala*）

豆科朱缨花属。

　　与桃金娘科的水蒲桃、红千层等相似，朱缨花也是观蕊植物。一丝丝细长的雄蕊突出在外，使得朱缨花看上去像一只只红色的毛绒球，十分可爱。朱缨花羽状复叶的前端有两片较长的对称叶子，像剪刀。

悬铃花 （*Malvaviscus arboreus* Cav.）

锦葵科悬铃花属，灌木。

　　叶卵状披针形，花红色（也有粉色），下垂，筒状，花瓣合拢，仅上部略微展开，雄蕊柱长于花瓣。

　　悬铃花常被拟人化地形容姑娘的娇羞，比如，"悬铃花轻轻裹着花瓣，低垂着头，有人以为它是待放的花苞，叹息迟迟等不到它的绽放，其实它永远只会这样，低头含笑，也许想说声谢谢，却不知如何开口，于是在一边默默不语，羞红了脸。"

铁冬青 (*Ilex rotunda* Thunb.)

冬青科冬青属，常绿灌木或乔木。

冬季，校园里的铁冬青结果，远远望去仿佛一树红花挂满枝头。铁冬青被人们称为"万紫千红树"，这个"万紫千红"不是形容花朵，而是形容果实，冬日里，铁冬青红果累累，珠圆玉润，犹如一团团火焰。

凤凰木 (*Delonix regia* (Boj.) Raf.)

豆科凤凰木属，高大落叶乔木。又叫凤凰花、红花楹。

　　"叶如飞凰之羽，花若丹凤之冠"，凤凰木树冠扁圆而开展，枝叶密茂，花大而色泽鲜艳，盛开时红花与绿叶相映，色彩夺目，特别艳丽，故名凤凰木。大学城校园里有许多高大的凤凰木，每年夏天的毕业季，凤凰花开得最为繁盛，像一片耀眼的火焰，吸引一波又一波毕业生到树下留影。到了冬季树叶凋落，只剩下褐色的大荚果，像一把把宝刀挂在枝头。花期6-7月，果期8-10月。

海南红豆 (*Ormosia pinnata* (Lour.) Merr.)

豆科红豆属，常绿乔木或灌木。

树冠浓绿美观，圆锥花序顶生，花冠淡粉色中带黄白色，果实为黄色荚果，内有红色的种子。花期7-9月，果期9-10月。

"红豆生南国，春来发几枝，愿君多采撷，此物最相思。"海南红豆是不是王维笔下的红豆呢？一般认为，王维写的红豆是海红豆（豆科海红豆属落叶小乔木，种子扁圆或扁椭圆形，鲜红有光泽）而不是海南红豆。海南红豆的种子形状如腰果，成熟后也非常红艳。

假苹婆 （*Sterculia lanceolata* Cav.）

梧桐科苹婆属，乔木。

　　假苹婆树干通直，树冠呈球形，叶子呈椭圆形，树叶翠绿浓密。花期为 4-5 月份，圆锥花序，腋生，密集且多分枝，花淡红色，5 枚萼片，向外开展如星状，其实苹婆属植物的花都是没有花瓣的，我们所见到假苹婆伸展开的小红星，是它的开裂萼片。夏天结出蓇葖果，成掌形放射状，未成熟的果为绿色，成熟则是鲜红色，远看就像一朵朵星形的大红花，上面粘着一颗颗黑珍珠般的种子，十分有趣。

南天竹（*Nandina domestica* Thunb.）

小檗科南天竹属，常绿小灌木。

　　南天竹枝干挺拔如竹，羽叶秀美，颇有竹子的清秀气质。圆锥花序直立，白色的小花有芳香。在秋天万物萧瑟之时，南天竹的叶子慢慢变红，红果娇艳欲滴，色泽夺目。果期很长，入冬愈红，可至春节之后。花期 3-6 月，果期 5-11 月。

　　宋代杨巽斋诗云："花发朱明雨后天，结成红颗更轻圆，人间热恼谁医得，只要轻香净业缘。"形容南天竹雨后馨香的小花，让人忘却了酷暑，解除了烦恼。由于其植株优美，果实鲜艳，对环境的适应性强，常常出现在现代园林绿化中。

洋金凤 (*Caesalpinia pulcherrima* (L.) Sw.)

豆科云实属，大灌木或小乔木。学名金凤花。

　　暑期的深圳，艳阳高照，洋金凤如火凤凰般于枝头盛放，花形格外精巧，花冠橙红色或黄色，雄蕊长长伸出至花瓣外，宛如一只凤舞的凤凰，有头有尾有翅有足，生动形象，活灵活现，令人不得不赞叹大自然造化的神奇绝妙。花后结扁平的长条形荚果。

红背桂花 (*Excoecaria cochinchinensis* Lour.)

大戟科海漆属，常绿灌木。

红背桂花，一般生长在乔木或大灌木的树荫下，为了更好地生存，它必须尽可能多地吸收阳光。红背桂叶子绿色的正面，履行着其他树木叶子一样的功能，而红色的背面则可以将透射过叶肉细胞的红光再次反射到进行光合作用的叶肉细胞上。对于生活在树林底层的红背桂花来说，这样的机制可以帮助它们更高效地进行光合作用。该植物有毒，请勿随意采摘。

海南龙血树 (*Dracaena cambodiana* Pierre ex Gagn.)

百合科龙血树属，乔木状。

　　茎不分枝或分枝，树皮带灰褐色，幼枝有密环状叶痕。叶聚生于茎、枝顶端，剑形，薄革。

　　叫做"龙血树"，"是因为它的树脂之黑，总叫人误以为，必是一种爬行类动物，才能分泌出这样黑的汁液"（维多利亚·芬利《颜色的故事——调色板的自然史》）。这种有色树脂可入药，它还是古典小提琴制作中一种著名而珍贵的颜料。

黄
colour system

黄色系

翅荚决明 (*Cassia alata* Linn.)

豆科决明属, 直立灌木。

　　翅荚决明, 顾名思义, 它的果荚带有"翅膀"。所谓"翅膀", 其实是果荚外表长的棱, 类似于一种有棱的丝瓜。棱很薄, 边缘有齿。果荚一开始是绿色, 成熟后转为黑褐色, 里面藏有五六十粒种子。如果有外力的作用, 它的"翅膀"就张开, 种子爆裂而出, 埋进草丛等待新生命的孕育。

　　翅荚决明开的花也很有意思, 一支支鲜黄的柱状花高高举着, 齐刷刷地指向天空, 似有一种雄赳赳、气昂昂的气概。夏日校园路边草丛常见。

地耳草 (*Hypericum japonicum* Thunb. ex Murray)

藤黄科金丝桃属，一年生或多年生草本，又叫小元宝草、四方草、千重楼、小还魂等。

    深圳气候温暖，没有明显的季节律动，尤其是草地，常年绿绿的，似乎少有变化。但若是俯下身来或蹲下来细细观察，还是会有惊喜。春天到草地上找一找，运气好的话，能遇见地耳草。地耳草的花儿小小的，五片花瓣金灿灿的，粗看容易把它误当作黄花酢浆草，但若仔细看，会发现地耳草有一簇细密的花蕊，花瓣的颜色也有淡黄、金黄和橙黄的丰富层次，非常精致耐看。

黄鹌菜（*Youngia japonica*）

菊科黄鹌菜属，一年生草本。

黄鹌菜是春天鲜嫩的"小菊花"，也是秋天调皮的"蒲公英"，它是那么不起眼，却又那么熟悉亲切，草地、墙角、河边、树下，不经意处，总能遇见黄鹌菜。

新发的嫩黄鹌菜可以炒或者凉拌，是一道春日野菜，但要先用开水焯或盐水浸，以去苦涩味。

黄花风铃木（*Tabebuia chrysantha* (Jacq.) Nichols.）

紫葳科黄钟木属，落叶小乔木。

《中国植物志》标注其正名为"黄钟木"。黄花风铃木在寒假后的新学期初开放，春节后的深圳有一段灰蒙蒙的天气，仿佛植物也得了假期综合征，打不起精神来，而黄花风铃木颇有"励志"的味道，它先花后叶，枝上冒出一簇簇明黄色的"铃铛"，明晃晃、响当当的样子，仿佛要叫阳光来把阴霾驱散。

黄花风铃木原产于美洲，是巴西国花。晴朗蓝天下的黄花风铃木是热情洋溢的黄蓝撞色，如巴西国旗。

黄金香柳 (*Melaleuca bracteata* F. Muell. 'Revolution Gold')

桃金娘科白千层属，乔木。

　　"黄金"，是说它的叶子黄黄的，在南方的郁郁葱葱中格外出挑。"香"，是说它是香味植物，摘下它的叶子搓一搓，有一种类似柠檬桉的清香，很好闻。"柳"，大概是说它样子像柳树吧，烟烟袅袅的垂枝、细长如眉的小叶，有柳树之美；但黄金香柳并非柳树，而是白千层属的一种，穗状花序，开一簇簇细丝状的白花。与红千层、白千层一样，这些漂亮的花丝其实是发达的雄蕊。

腊肠树（*Cassia fistula* Linn.）

豆科决明属，落叶小乔木或中等乔木，又叫阿勃勒、牛角树、波斯皂荚、黄金雨、全急雨。

这一条条黑乎乎的哪像腊肠？要是哪位同学不小心在树下踩到了，一定以为"走狗屎运"啦。不过不要以为这树就很丑，五六月份开花的时候，腊肠树可真是美极了——一串串金黄色的花轻盈地垂下来，花多叶少，满树繁花；风一吹，指甲盖大的花瓣纷纷扬扬，漫天满地，像下了一场花瓣雨，正如它的别名"黄金雨"。腊肠树原产印度、缅甸和斯里兰卡，是泰国国花。

毛草龙 (*Ludwigia octovalvis* (Jacq.) Raven)

柳叶菜科丁香蓼属，多年生粗壮直立草本。

校园中常见的野草，尤其以大沙河滩涂最多。叶如柳，花嫩黄，花瓣四片对称如风车，蒴果圆柱状，有棱，像小香蕉，非常可爱。

黄丽鸟蕉 (*Heliconia subulata*)

旅人蕉科蝎尾蕉属，草本，又叫鹦黄赫蕉、小天堂鸟蕉、小天堂鸟花、黄鸟蕉，原产于巴西。

春夏秋三季有花，花顶生，花茎直立，花的形状酷似鸟嘴尖，与"天堂鸟"类似。

台湾相思 (*Acacia confusa* Merr.)

豆科金合欢属，常绿乔木。

　　每到四月，校园里的台湾相思开花时，满树金黄色的小绒球点缀在弯弯的叶子间，像发愁的眉毛和相思的泪滴。

　　其实弯弯的"眉毛"并不是叶子，而是叶柄。与同属于豆科金合欢属的大叶相思类似，台湾相思苗期第一片真叶为羽状复叶，长大后小叶退化，叶柄变为叶状柄，叶状柄像弯弯的眉毛。若能发现台湾相思或大叶相思的小苗，或许能看见它的第一片羽状复叶，甚至运气好的话，还能遇见羽状复叶尚未退化而镰状叶柄已经暂露头角的中间状态。

猪屎豆 (*Crotalaria pallida* Ait.)

豆科猪屎豆属，多年生草本。

19 世纪美国博物学家梭罗说，猪屎豆被脚踩碾后能发出特殊的臭气，也许动物们闻着这种特殊臭气能找到它们，就像沉香木会以自己的香气来提醒樵夫。梭罗还写道，一次秋天在收完麦子的地里"踩到什么咔咔作响，这一来就发现猪屎豆了"，于是整个冬天，他"就很注意听那些种子在豆荚里咔咔响"，他觉得这声音"就像印第安人腿上带的饰物那样，又像响尾蛇的声音"，"说不定那些吃猪屎豆的动物也是靠这种声音发现它的"。

校园河边荒地里可见猪屎豆。豆子虽臭，黄花还是挺好看的，秋冬季一部分叶子变黄后也有一种绚烂的美。

软枝黄蝉 (*Allemanda cathartica* L.)

夹竹桃科黄蝉属，藤状灌木。花橙黄色，花冠内面有红褐色的脉纹，花冠下部长圆筒状。植株乳汁、树皮和种子有毒，人畜误食会引起腹痛、腹泻。

软枝黄蝉易与黄蝉 (*Allemanda neriifolia* Hook.) 混淆，两者同科同属，区别在于，软枝黄蝉藤状，而黄蝉是直立灌木；另外，软枝黄蝉较黄蝉花大、色淡，黄蝉花冠的红褐色脉纹较深。黄蝉植株乳汁也有毒，人畜中毒会刺激心脏，循环系统及呼吸系统也会受影响，妊娠动物误食会流产。

黄槐 (*Cassia surattensis* Burm.)

豆科决明属，灌木或小乔木。学名黄槐决明。

　　黄槐的树皮比较光滑，呈灰褐色，长椭圆形或卵形的叶片挂在向四周伸张的枝条上。总状花序生于枝条上部的叶腋内，花瓣鲜黄至深黄色。黄槐花期很长，秋冬季节尤为茂盛，在校园的道路两旁，一簇簇明亮的黄色花朵在阳光中绽放，在绿叶的衬托下，好似翩翩起舞的蝴蝶，发出璀璨的光芒。结扁平的荚果，浅黄绿色，呈带状，成熟后开裂。花果期全年。

蟛蜞菊（*Wedelia chinensis* (Osbeck.) Merr.）

菊科蟛蜞菊属，多年生草本。

　　茎匍匐，上部近直立，基部各节生出不定根，叶子对生，椭圆形至披针形，通常 3 裂，边缘呈浅浅的波浪形，看上去油绿多汁。和几乎所有菊科植物一样，黄色的头状花序由舌状花和管状花组成，花梗很长。蟛蜞菊在大学城内的路边随处可见，小黄花东一朵、西一朵，常在树荫下、草地中摇动着脑袋，闪耀着坚韧的生命力。花期 3-9 月。

黄花酢浆草 (*Oxalis pes-caprae* Linn.)

酢浆草科酢浆草属，多年生草本。

　　在校园的道路旁或树荫下，常看到草丛里散落着一片片黄花酢浆草的小花，远远望去如星光点点。黄花酢浆草的叶子很有特点，由三片绿色的心形小叶片组合在一起，呈弧形对称分布，所以通常人们称它为"三叶草"。

　　黄花酢浆草的蒴果呈圆柱形，被柔毛，它传播种子的方式很有意思，果实成熟后，稍有风吹草动，蒴果就会炸裂，将卵形的种子"发射"出去，距离可达数米。花果期春夏季。

大叶相思 (*Acacia auriculiformis* A. Cunn. ex Benth.)

豆科金合欢属，常绿乔木。又叫耳叶相思。

　　很少有人看到过大叶相思树真正的叶子，因为它只存在于幼苗期，幼苗期第一片真正的叶子是羽状复叶，长大后小叶退化，叶柄变为树叶的形状，秋天变黄后落在校园的小河里，像弯弯的月亮。大叶相思的花呈穗状簇生，金黄色的花有微香。褐色的果荚旋转卷曲，像一朵朵漂亮的祥云，里面藏着亮黑色的种子。花期8-9月，果期次年3-4月。

黄槿 (*Hibiscus tiliaceus* Linn.)

锦葵科木槿属，常绿灌木或乔木。

　　黄槿的枝条向四周延伸生长，纵横交错。叶呈心形，在枝条上层层叠叠，非常密集，叶子常作为包裹糕饼之用，故又名"糕仔树"。黄槿的盛花期在夏季七八月份，可能因为枝条不够舒展，叶子又大又密，花开在树上时不显眼，黄槿花冠钟形，其寿命很短，清晨花开是黄色，中午渐渐转为橙黄后就很快凋零。花谢以后依然美丽，变为暗红色，似乎在继续绽放。花果期夏秋季。

银桦 (*Grevillea robusta* A. Cunn. ex R. Br.)

山龙眼科银桦属，常绿乔木。

    银桦原产大洋洲，树干笔直，树形美观，尤其在开花季节，万绿丛中衬以橙黄色的花朵，为风景树和行道树，是城市主要绿化树种之一。叶为2回羽状深裂，披针形树叶正面墨绿色，背面密被银灰色丝毛，所以看上去背面是银色的。总状花序像一把刷子，花橙色或黄褐色。黑色椭圆形果，稍偏斜，宿存有花柱弯，看上去像一只睫毛弯弯的眼睛。花期3-5月，果期6-8月。

蓝紫
colour system

蓝紫色系

鸡矢藤 *(Paederia scandens* (Lour.) Merr.)

茜草科鸡矢藤属，藤本。

    野地里常见鸡矢藤，缠缠绕绕，夏天开星星点点的紫白小花，秋天结青黄的小球果。名字上带有"鸡矢"二字，想来是有一股鸡屎臭的植物，人人敬而远之，其实不然，广东有在清明时节做"鸡矢藤饼"的习俗。据说鸡矢藤的新鲜叶子揉搓后能产生特殊的清香，叶汁与米粉混合后，再用模具压成各种图案的糕饼，大火蒸熟，即成传统糕点"鸡矢藤饼"。

    鸡矢藤球果成熟后，一触即爆，蹦出一滩青青黄黄的东西。或许这是它名字由来。

假连翘 （*Duranta repens* L.）

马鞭草科假连翘属，灌木。

　　又是一个"假"家植物。这"假"家还是个大家族，深圳大学城校园里就有假槟榔、假连翘、假苹婆。

　　有趣的是，假连翘与真连翘的花、果一点儿都不相似，唯一可能相似的就是枝叶了，或者其它更深层次的相似之处，不得而知。看花是非常容易区分连翘和假连翘的，连翘的花通常单生或生于叶腋，花金黄色，四个瓣，开起来满枝条金灿灿的；假连翘总状花序顶生或腋生，五片花瓣，蓝紫色，一串串从枝头垂挂下来。假连翘在南方几乎全年有花果，果子黄豆大，橙黄色，一串串坠在枝头，也很好看。假连翘的根、叶、果也可入药。

五爪金龙 (*Ipomoea cairica* (L.) Sweet)

旋花科番薯属，多年生缠绕草本。

　　原产于热带亚洲或非洲，常攀援缠绕在别的植物上，叶子掌状，花朵喇叭形，像牵牛花，有一定的观赏性。遗憾的是，五爪金龙蔓延过于迅速，已对本土植物的生存境况造成严重的威胁，已被认为是入侵植物。校园原生态林地可见。

多花野牡丹 (*Melastoma affine* D. Don)

野牡丹科野牡丹属，灌木。

此牡丹非彼牡丹，大家熟悉的国色天香之牡丹是毛茛科芍药属落叶灌木，而广东野地里常见的野牡丹并非野生的牡丹花，两者是不同科属的植物。

　　野牡丹的叶片是卵状披针形，覆有密而短的绒毛。春季至初夏开花，偶尔温暖的冬天也能见其开花。五片花瓣，粉红色或淡紫色，蒴果坛子状。校园绿化带、山坡可见种植或野生的野牡丹。

早开堇菜（*Viola prionantha* Bunge）

堇菜科堇菜属，多年生草本。

春天校园的草地上一派生机勃勃，黄白粉紫的小花星罗密布，烂漫的气息扑面而来，其中最多的是淡紫色的早开堇菜，它们或羞涩地低着头，或娇憨地仰着头，露出长长的"后脑勺"，点缀在油绿鲜嫩的草尖或浅褐色的洋紫荆枯叶旁。这"后脑勺"在植物学上叫"距"，花朵的蜜腺就藏在这个距内。

　　早开堇菜的蒴果长椭圆形，通常三个蒴果一组，形成一个"奔驰"的标志。蒴果小小的仅有几毫米，里面藏了许多圆圆的褐色种子。

紫薇 （*Lagerstroemia indica* L.）

千屈菜科紫薇属，落叶灌木或小乔木。

古往今来，在诗词歌赋中被赞美的花不在少数，而紫薇尤其得到垂青，被称为"高调客"。高调客，不是说它不低调，而是说它格调非常高。

台湾学者潘富俊在《中国文学植物学》中写道，紫薇通紫微，"紫微"指星座、皇帝之住所、官名，有时又指紫薇花。按照古代星相学，紫微代表着无上的尊贵。因为同音通字，紫薇花便也有了身份与仕途的尊贵象征，深受读书人喜爱。

紫薇又称"痒痒树"，据说它光滑的树干极为敏感，挠之则全树颤抖。

紫薇常见紫色，也有粉花的红薇、白花的银薇、蓝紫色的翠薇。校园可见紫薇和红薇。

大花紫薇 (*Lagerstroemia speciosa* (L.) Pers.)

千屈菜科紫薇属，大乔木。

大花紫薇叶和花都比紫薇大数倍，树干与紫薇不同，紫薇树皮光滑，灰白色，看上去干干净净，而大花紫薇树皮黑色、毛糙。如果要挠痒痒，估计大花紫薇不会像紫薇那么敏感吧？

紫薇几乎全国各地都可见，而大花紫薇只在较为温暖的广东、广西和福建常见。校园有较多大花紫薇，六七月是盛花季。

蓝花楹 (*Jacaranda mimosifolia* D. Don)

紫葳科蓝花楹属，落叶乔木，原产于南美洲。

　　南非的蓝花楹被誉为世界最美的树之一，当地有七千多棵蓝花楹，盛开时整个城市就像沉浸在童话般的蓝紫色烟雾中。深圳也可见蓝花楹，一般作为行道树。

　　2016 年，深圳大学城夏青路两侧新栽种了百余棵蓝花楹，有望成为如梦如幻的景观。

巴西野牡丹（*Tibouchina seecandra* Cogn.）

野牡丹科光荣树属，常绿小灌木。

　　枝条红褐色，叶子卵状披针形。花瓣五枚，艳丽的紫色。在深紫色花瓣映衬下，巴西野牡丹长长的弯曲上翘的白色雄蕊十分引人注目。巴西野牡丹蒴果红褐色，形状像酒坛。

鸳鸯茉莉 (*Brunfelsia latifolia* Benth.)

茄科鸳鸯茉莉属，常绿灌木，原产于南美洲，又叫番茉莉、变色茉莉等。

鸳鸯茉莉叶子呈长椭圆形，花朵芳香浓郁，香型酷似中国茉莉。开花时先为紫色，随后颜色变淡为花青色，最后转为白色，单花花期三五天左右，故有英文俗名 Yesterday-Today-Tomorrow （昨天 - 今天 - 明天）。校园绿化带可见。

翠芦莉（*Ruellia brittoniana* Leonard）

爵床科单药花属，草本，又叫蓝花草。

花蓝紫色，花瓣娇嫩。叶子细长，披针形，深绿色。翠芦莉几乎全年开花，大片盛开时，蓝紫色的花美艳动人。北大校园林下可见翠芦莉。

紫杯苋 (*Alternanthera dentata* (Moench) Scheygr.)

苋科莲子草属，多年生草本，又叫红龙草。

原产南美，是一种观叶植物，绿化带内它们的身影十分常见。冬日温暖的阳光里，紫杯苋就顶着白色的小球优雅地出场了，漂亮典雅的紫色叶子，紫色的枝条排列有序，头状花序密聚成粉色小球，虽无花瓣，却像钻石一样精美，平凡而极为雅致。花期冬季。

绿

colour system

绿色系

芭蕉（*Musa basjoo*）

芭蕉科芭蕉属。

很多人到深圳之前不知道除了香蕉还有一种水果叫芭蕉，芭蕉它与香蕉相似，却长得比香蕉矮胖，味道也偏酸淡。"芭蕉叶大栀子肥"，芭蕉叶和香蕉叶一样，都是宽宽大大、油油绿绿的，充分彰显了南方丰润的阳光和水分。有时在郊野公园的山林见着了，也分不清是香蕉还是芭蕉，因为它们宽大的叶子都是一个样儿，要分辨是哪种蕉还得看果实。

芭蕉似乎难入大雅之堂，芭蕉叶却是风雅之物，它在韩愈的诗里、李清照的词里、王维的画中引发人无限遐思，它甚至还留下了怀素和尚芭蕉练字的佳话。

春羽 (*Philodenron selloum* Koch)

天南星科喜林芋属，多年生常绿草本。

　　北方人如果初次到深圳，见室内摆放着春羽这样的植物，大概不免有两种反应，一是摸摸那油绿油绿的叶子，再掐一掐，看看是真的假的，二是赞叹这"大芹菜"长得真大。野外的春羽就更加惊人了，荔枝林里、立交桥下，大片大片的，长得半人高甚至一人高，深裂的绿叶大而舒展，覆盖着火热的土地。

　　春羽茎杆上的叶痕像一只只排列整齐的"眼睛"，带着某种热辣和神秘，伴着林下斑驳的光影和嘶嘶的虫鸣，引发热带丛林的想象。

构树 (*Broussonetia papyrifera* (Linn.) L'Hér. ex Vent.)

桑科构属，乔木。

构树大概是很多人童年的记忆，尤其那形似杨梅的果实，看起来酸甜可口，让人垂涎欲滴。虽然大人告诫顽皮而嘴馋的孩子，这果子不能吃，然而一看到那鲜红多汁的果实，总免不了要萌生尝它一尝的念头。据说其味道平淡，并不好吃，而且"久食令人骨软"。

有趣的还有构树的叶子，热爱博物学的刘华杰教授在《平凡而奇特的构树》一文中写道，"构树的叶形千变万化（某种意义上与桑树的叶类似）"。到自然中去观察，发现的确如此，构树叶子宽卵形，不裂或 3-5 不规则深裂，而这个"不规则"造就了叶缘的万千变化。

露兜树 （*Pandanus tectorius* Sol. var. tectorius）

露兜树科露兜树属，常绿分枝灌木或小乔木。

    刚到南方的人见到露兜果实，往往脱口而出"菠萝"。露兜果实长得的确很像菠萝，大的可长到篮球那么大，果实表面布满鳞片状凸起，所以它还有个别名——"野菠萝"。两者很容易区别，菠萝果实向上举着，而露兜果实则是向下悬垂。露兜果实刚开始绿色，成熟后聚合果膨大并转成橙黄色。果实可以吃，但据说味道一般。

假槟榔 （*Archontophoenix alexandrae* (F. Muell.) H. Wendl. et Drude）

棕榈科假槟榔属，乔木。

    有这么一个笑话，北方人第一次到深圳，看见一种树，树干又圆又直，有好几层楼高，树顶几支大叶片像宽大的羽毛，摸摸树皮，有一种水泥柱子的质感，一看树上挂的的牌子——"假槟榔"，恍然大悟，原来这是"假"的槟榔树，是棵假树，不过这假树做得真逼真啊！

    明明是棵真树，名字上偏带个"假"字，真是冤枉了。其实这个"假"说的是它样子很像槟榔，但是不结槟榔。假槟榔结红色的球形小果，不可食用。

垂柳 （*Salix babylonica*）

杨柳科柳属，乔木。

　　垂柳是大家熟悉得不能再熟悉的树木了，古往今来，大江南北，不知撩动了多少文人墨客的情思，不知为多少故事增添了忧伤明媚的春色。深圳大学城清华校区池塘边有几棵柳树，大约是树龄不大，树身不高，枝条稀疏，但每年吐露鹅黄的新芽时，仍能为这座四季不分的南方都市带来浪漫春光和无限诗意。

旅人蕉 (*Ravenala madagascariensis*)

芭蕉科旅人蕉属。树干像棕榈，叶片像香蕉叶。

叶从茎顶分两边往上交错排列，呈辐射状，像一把大折扇。花序腋生，排列成蝎尾状。

旅人蕉原产于非洲马达加斯加。旅人蕉的叶柄中蕴藏有丰富的水分，水质纯净，可以直接饮用。据说马达加斯加的居民很早就发现，在外行走时倘若口渴，可寻找旅人蕉，用小刀割开其叶柄根部，就可以得到清澈的饮用水。

南洋杉（*Araucaria cunninghamii* Sweet）

南洋杉科南洋杉属，乔木，原产于大洋洲东南沿海地区，在原产地可高达六七十米。

南洋杉平展或斜伸的大枝上侧生密集的小枝，小枝下垂，像羽毛状排列，这使得南洋杉远远看去像在树干上插了一个个鸡毛掸子。有时从暗灰色的树干上直接长出初探的幼枝，像鹿角，萌态十足。

菩提树 (*Ficus religiosa* L.)

桑科榕属，大乔木。

　　菩提树在宗教故事或诗词歌赋中被描写无数，为人们熟知，而自然中的菩提树却少有人认识。广东的气候适宜菩提树生长，校园中多处有菩提树，最大的一棵在清华校区池塘边的草坪上。

　　菩提树叶如心形，心形尖端拖出一个细长的叶尖，如"无限心事"。菩提树叶四季可赏，春季新叶粉红，夏季浓绿，秋冬橙黄至褐色。如果运气好，可在树下捡到被风雨侵蚀洗刷后的落叶，仅剩金色的网状叶脉，是天然的菩提叶脉书签。

朴树 (*Celtis sinensis* Pers.)

榆科朴属，乔木。

　　朴树作为植物名时，"朴"的读音与歌手朴树并不同，植物朴树的"朴"读"po"（四声），听起来像"破树"。朴树是好看的树木，树身俊朗，树叶不疏不密、不大不小；叶子是清晰的三出叶脉，春天嫩绿，夏天油绿，秋季金黄，冬天落尽。因为那些耳熟能详的校园民谣，站在朴树下似乎总能感受到青春而略带忧伤的校园气息。

　　朴树的果小而硬，是很多人童年玩过的"噼啪子"——将朴树的果装进削好的小竹管里，再用筷子将它们顶出"枪膛"，发出噼啪噼啪的声音。

风车草 (*Cyperus alternifolius* L.)

莎草科莎草属，多年生草本。

茎杆挺直，细长的叶状总苞片簇生于茎杆，呈辐射状，像风车，也像伞，又叫旱伞草。聚伞花序，生于"风车"轴中心，花黄褐色。风车草水陆都可生长，常栽培在水边造景。校园池塘边常见。

水蒲桃（*Syzygium jambos*（L.）Alston）

桃金娘科蒲桃属，乔木。

初夏，校园里会弥漫着一股玫瑰花香，不是哪里有玫瑰花，而是水蒲桃果实成熟了，它们扑通扑通掉下来，烂熟在树下草丛里，散发出掺着果酒味道的玫瑰花香。水蒲桃果实是可以吃的，但果肉只有薄薄的一层，里面空心，有一个核儿，摇起来咕咚咕咚响。

水蒲桃是典型的观蕊植物，雄蕊发达，圆球喷射状，中间的花柱与雄蕊等长，所以整个花儿看起来像一个个白中透着嫩绿的绒球，非常可爱。

糖胶树 *(Alstonia scholaris* (L.) R. Br.)

夹竹桃科鸡骨常山属，乔木。

这是大名鼎鼎的被深圳市民"投诉"过的树，每年夏天糖胶树开花时，空气中弥漫着一种难以形容的气味，闻多了还会出现头晕、恶心的症状。据说早些年园林绿化引进这种树时，只知糖胶树树形优美、容易栽种，没想到开花时会成为大家嫌恶的对象。所幸校园中糖胶树并不多。

　　糖胶树的花白绿色，多朵组成稠密的聚伞花序。花后结细长的线形蓇葖果，嫩时绿色，后转为灰白色。

香樟 (*Cinnamomum camphora* (L.) presl)

樟科樟属，常绿大乔木。

　　人们大多听说过樟木箱，却少有人知道做樟木箱的树长啥样。其实香樟树在长江以南各地都较为常见，常用作行道树或园林绿化，深圳大学城清华校区有较多香樟树。

　　香樟树是有香味的，但不是大家熟悉的樟脑球的味道，而是一种漂浮在空气中的清新的幽香。每年三月份香樟树开出细密的小花时，校园里可闻到这种香气。若是遇上园林工人修枝，端枝后的香樟树也散发出独特的香樟香。

小叶榄仁（*Terminalia mantaly*）

使君子科诃子属，落叶乔木，又叫非洲榄仁。

小叶榄仁长相清秀，它有着挺拔修长的树干，轮状分层的树冠，疏密得宜的枝桠，精致翠绿的树叶。最美在夏日，可看小叶榄仁树叶的光影变幻——明亮的阳光遇到层层叠叠的树叶，仿佛被分解、柔化，一层一层婉转而下，逐渐散开、变弱，最后变成无数光斑，形成一张光影斑驳的网。

菜豆树 (*Radermachera sinica* (Hance) Hemsl.)

紫葳科菜豆树属，小乔木。

　　每年初夏，深圳大学城清华校区树林里有一块地上都会落一层黄绿色的钟状花，这是菜豆树又开花了。菜豆树的花近乎嫩绿色，掩映在树林的绿叶中，一般很难引人注意。

　　海南也叫菜豆树为"跌死猫"树，猫的跳腾能力和平衡感极强，从高处坠下一般不易摔死，能让猫都"跌死"的树，大概可以长得非常高吧。

叶下珠 *(Phyllanthus urinaria* L.)

大戟科叶下珠属，一年生草本。

　　茎通常直立，基部多分枝，叶片长圆形或倒卵形，呈羽状排列，花和蒴果生于小枝下的叶腋里。到了果期，一棵棵小小的圆溜溜的蒴果像一粒粒珍珠整齐排列垂于叶下。校园路边、草丛常见。

　　平时容易把叶下珠当成普普通通的小树苗，只有俯下身去才能发现它的奥妙。借助微距镜头还能看到叶下珠小花和蒴果的精致细节。

杧果 (*Mangifera indica* L.)

漆树科杧果属，常绿大乔木。

春天开密集的黄色或淡黄色小花，夏季果成熟，果肉鲜黄色、肥厚，味道酸甜，气味芳香，带有浓厚的热带风情。杧果还可制作罐头和果酱，深受人们喜爱。深港地区尤其喜欢以杧果作为甜品、饮料的材料。

阳桃 (*Averrhoa carambola* L.)

酢浆草科阳桃属，乔木。

　　阳桃树皮呈暗灰色，奇数羽状复叶，互生。花很小，花枝和花蕾深红色，有微微的香气，数朵至多朵组成聚伞花序或圆锥花序，自叶腋出或着生于枝干上。果实下垂在枝条上，可以食用，一般有 5 棱，罕见 6 或 3 棱，果实横切面呈星芒状，淡绿色或蜡黄色，有时带暗红色。花期 4-12 月，果期 7-12 月。

蕨类 (*Pteridophyta*)

蕨类植物门。

蕨类是植物界的一个重要组成部分,约有 12000 种,广泛分布于世界各地,以热带和亚热带地区分布最多。大学城内常见的蕨类植物有海金沙、肾蕨、凤尾蕨、芒萁等。

蕨类植物在 3 亿多年前的石炭纪是地球上的主要植物种类。蕨类很早就被人们所认识和利用,2000 多年前的《诗经》中就有"陟彼南山,言采其蕨"的诗句(《国风·召南·草虫》)。蕨类植物的药用价值在《本草纲目》中也有大量记载。蕨类植物高贵素雅,线条美丽,在盆栽观赏、园林绿化和插花中有着广泛的应用潜力。

瓶尔小草（*Ophioglossum vulgatum* L.）

瓶尔小草科瓶尔小草属，多年生草本。

　　瓶尔小草是蕨类植物，在草坪上直立着身子，通常只有一片叶子，卵状长圆形或狭卵形，所以又叫一叶草。地面上能看到的，除了叶子，就是长长的孢子穗，孢子期5-6月，成熟后用手轻轻触碰，白色的孢子就会像烟雾一样弹射出来，随风飘散，等待时机生长。

圣诞椰子 (*Veitchia merrillii*)

棕榈科圣诞椰子属，常绿小乔木。

圣诞椰子原产于菲律宾群岛，树形优美，是一种很好的园林绿化植物。树干直立，非常的平滑，有明显的环节，叶羽状全裂，长 2 米左右，披针形的小叶排列十分有序，翠绿而光滑，脱落后在茎干上留下密集的轮纹。肉穗花序，开着密密麻麻黄色的花，有很多分枝，在圣诞节前后会结出一粒粒敦实的绿色果实，成熟后变为红褐色，鲜艳醒目。花果期秋冬季。

结缕草 （*Zoysia japonica* Steud.）

禾本科结缕草属，多年生草本。

"野火烧不尽，春风吹又生"，这句诗展现了小草顽强的生命力。它们生长几乎不挑地方，在我们生活的环境中，能见到各种草坪草的身影。草坪草这个大家族，成员庞大，包含很多系列品种，而每一个草坪系列又包含上百种的草坪品种。结缕草就是大学城一种非常普遍的草坪草，它耐践踏性、耐旱性都很好。

积雪草 (*Centella asiatica* (L.) Urban)

伞形科积雪草属，多年生草本。

积雪草又名胡薄荷、连钱草、崩大碗、遍地香，为伞形科植物积雪草的全草。陶弘景释名云："想此草以寒凉得名尔。盖因其多生于溪畔近水处，蔓延如藤，叶两两对生，凌冬尚清碧，故以名之。"

积雪草茎匍匐，细长，节上生根，常生于阴湿荒地、村旁、路边、水沟边。叶互生，叶柄长；叶片膜质至草质，圆形、肾形或马蹄形，边缘有钝锯齿，基部阔心形。夏季开花，伞形花序头状，2-3 个生于叶腋，每花序上有 3-6 朵无柄小花；花红紫色。果小，扁圆形。花果期 4-10 月。

胡椒木（*Zanthoxylum piperitum*）

芸香科花椒属，常绿灌木或小乔木。

　　胡椒木叶片为深绿色，奇数羽状复叶，叶基有短刺2枚，明亮有光泽，全叶密生腺体，用手触摸，散发出浓郁的香味，味道似胡椒。胡椒木的花金黄色，果实深褐色，形状为椭圆形。

江边刺葵 (*Phoenix roebelenii* O. Brien)

棕榈科刺葵属，常绿灌木。

    江边刺葵株形挺拔，富有热带风韵，常用以盆栽作为室内布置，也可室外露地栽植，有着很好的观赏效果。

    茎丛生，叶子较长，呈羽片线形，柔软而弯垂，分布均匀且青翠亮泽，下部羽片变成细长软刺。雄花序与佛焰苞几乎一样长，30-50厘米；分枝花序长而纤细，长达20厘米。结的长圆形的果实，像红枣大小，顶端具短尖头，一开始由绿色转为橙色，成熟时变为枣红色，果肉薄而有枣味。花期4-5月，果期6-9月。

龟背竹 (*Monstera deliciosa*)

天南星科龟背竹属，攀援灌木。

　　龟背竹常年碧绿，极为耐阴，是有名的室内大型盆栽观叶植物。龟背竹叶形奇特，厚革质的叶片很大，长可达1米，腹面扁平，有孔裂纹状，形状像龟壳，绿色茎节粗壮又似罗汉竹，具有深褐色气生根，纵横交差，形如电线。龟背竹开花奇特，佛焰状花序，如船底般的黄白色花苞，如手掌大小，内藏肉穗，色泽柔和，给人以清新、素雅的感觉。浆果淡黄色，柱头周围有青紫色斑点。花期8-9月，果于翌年花期之后成熟。

　　龟背竹汁液有毒，对皮肤有刺激和腐蚀作用。

紫红

colour system

紫红色系

含羞草 (*Mimosa pudica* Linn.)

豆科含羞草属，披散、亚灌木状草本。

    这种长着漂亮的羽状复叶、开粉红色的绒球样小花的草，只要轻轻一碰，羽片和小叶立即闭合下垂，就像是"害羞"了。踩上去的效果更神奇——整棵草突然"消失"。爱吃草的小动物啃到含羞草时，发现眼前的草突然不见了，会不会吓一跳呢？

    校园有很多含羞草，一到四五月温热的雨季，含羞草长得极快，池塘边、荒地上，往往成了含羞草的天下。

长春花 *(Catharanthus roseus* (L.) G. Don)

夹竹桃科长春花属，半灌木。

    长春花五片粉色的花瓣展开成一个平面，花瓣下是细长的花冠筒，这使得长春花看上去像一只高脚碟。细看之下，这只"高脚碟"富有细节——花瓣不是普通的圆或者椭圆，而是类似于菱形，花瓣上的粉色由里向外、由深到浅渐进，并有一丝丝细腻的纵向纹路。

    与同属于夹竹桃科的夹竹桃、黄蝉一样，长春花也有毒性。有的儿童喜欢采来吸食花冠筒中的花蜜，此举危险。长春花全株可药用。

红花酢浆草 (*Oxalis corymbosa* DC.)

酢浆草科酢浆草属，多年生直立草本。

　　因为有呈弧形对称分布的三片叶子，所以红花酢浆草和黄花酢浆草一样，也经常被人们叫做"三叶草"。它的三片小叶属于一个掌状复叶，叶子下面那细细长长的"茎"，其实是它的叶柄，红花酢浆草无地上茎，地下部分匍匐着它的球状鳞茎。它的花通常排列成伞形花序式，有五片淡紫色至紫红色的花瓣，柔软而俏丽。

　　酢浆草的花与叶对阳光非常敏感，晴天开放，雨天和夜晚闭合。花期春夏季。

洋紫荆 (*Bauhinia blakeana* Dunn)

豆科羊蹄甲属，乔木。学名红花羊蹄甲。

红花羊蹄甲在香港又称洋紫荆，是华南地区常见的行道树，它叶子形似羊蹄，花紫红色，香港同胞酷爱洋紫荆，所以1965年，它就被选为香港市花，到了1997年香港回归时，区旗也被选定为一面中间配有五星花蕊的紫荆花旗。很多到过香港的人，都会到坐落在维多利亚湾的香港会展中心广场，与雕塑《永远盛开的紫荆花》合影留念，它的设计原型就来源于植物洋紫荆。

大学城校园有很多洋紫荆，到了三四月份的盛花期，每日落英缤纷，不仅给自然平添了许多颜色，而且使校园生气盎然。花期全年，通常不结果。

簕杜鹃 (*Bougainvillea glabra* Choisy)

紫茉莉科叶子花属，藤状灌木。学名光叶子花，又叫三角梅。

簕杜鹃分布非常广泛，是深圳等多个城市的市花，深受人们喜爱。在大学城内，簕杜鹃随处可见，道路旁、山坡上、花盆中……都有它的身影。其品种多样，植株适应性强，是美丽的观赏植物。

我们平常所观赏的三角形花朵，其实并不是它真正的花，而是它紫色或洋红色的叶状苞片，它的花是由三根火柴头般大小的花苞聚在苞片的中脉上，花柱是深红色的，花淡黄色的，比黄豆还要小，小得使人误以为它的苞片就是它的花。花期冬春季。

一点红 *(Emilia sonchifolia* (L.) DC.)

菊科一点红属，一年生草本。

　　身边很常见的小草，叶子的下表面及茎的背光部位呈紫红色，头状花序，由淡红色的筒状小花组成，远远望去点点红花，呼应着它诗一样的名字——一点红。花开之后会结出瘦果，像蒲公英一样的白色圆绒球，风一吹，就散播开来。花果期 7-10 月。

红花檵木 (*Loropetalum chinense* var. rubrum Yieh)

金缕梅科檵木属，灌木或小乔木。

　　常绿植物，枝繁叶茂，姿态优美，耐修剪，同一株植物层次分明，新叶鲜红色，下层叶绿色，叶片大小也各有不同，校园内经常可以看到被修剪成圆球形的红花檵木。花开时节，满树红花，极为壮观，3-8 朵花簇生在一起，好像一束紫红色的剪纸，有人形象地称它为"春天的碎纸机"。花期 4-5 月。

马缨丹 *(Lantana camara L.)*

马鞭草科马缨丹属，直立或蔓性的灌木。

在路边的灌木丛中，马缨丹绚丽的小花，一小簇一小簇地绽放着，犹如点缀在绿丛中的绣球，五彩缤纷的让人心醉，因为花色会随着生长不断变化，所以也叫五色梅。

它的叶片表面有短短的柔毛，边缘呈锯齿状，揉烂后有强烈的气味。全年开花，花冠黄色或橙黄色，开花后不久转为深红色。马缨丹不仅花朵美艳，而且蜜源丰富，所以马缨丹是"招蜂引蝶"的高手。结圆球形的浆果，成熟时呈紫黑色。

洋紫荆
姹紫嫣红
一月

木棉花
英雄火炬
二月

黄花风铃木
明亮灿烂
三月

龙船花
花团锦簇
四月

凤凰花
浴火凤凰
五月

白兰
花香四溢
六月

七月
鸡蛋花
宁静柔和

八月
紫薇
轻盈古雅

九月
大叶相思
此恨绵绵

十月
桂花
香飘十里

十一月
铁冬青
红果累累

十二月
簕杜鹃
热情奔放

图书版权编目(CIP)数据

深圳大学城风物志·草木篇 / 陈超群, 王炎磊编著.
—北京: 中国科学技术出版社, 2017.7
ISBN 978-7-5046-7552-1

Ⅰ.①深… Ⅱ.①陈…②王… Ⅲ.①深圳大学-植
物志 Ⅳ.① G649.286.53 ② Q948.526.53

中国版本图书馆 CIP 数据核字 (2017) 第 155919 号

策划编辑	杨虚杰
责任编辑	汪晓雅　能昌霜
装帧设计	林海波
责任校对	杨京华
责任印制	马宇晨

出版发行	中国科学技术出版社
地　　址	北京市海淀区中关村南大街 16 号
邮　　编	100081
发行电话	010-62173865
传　　真	010-62179148
网　　址	http://www.cspbooks.com.cn

开　　本	787mm×1092mm 1/16
字　　数	80 千字
印　　张	12.75
版　　次	2017 年 7 月第 1 版
印　　次	2017 年 7 月第 1 次印刷
印　　刷	北京利丰雅高长城印刷有限公司

书　　号	ISBN 978-7-5046-7552-1/Q · 203
定　　价	68.00 元